驾驶员
身心健康关爱手册

徐晓莉 杨 军 牛国卫 编著

中国工人出版社

图书在版编目（CIP）数据

驾驶员身心健康关爱手册／徐晓莉，杨军，牛国卫编著.
—北京：中国工人出版社，2020.9
ISBN 978-7-5008-7485-0

Ⅰ.①驾…　Ⅱ.①徐…②杨…③牛…　Ⅲ.①汽车驾驶员—保健—手册
Ⅳ.①R161-62

中国版本图书馆CIP数据核字（2020）第177403号

驾驶员身心健康关爱手册

出 版 人　王娇萍
责任编辑　李素素　李思妍
责任印制　栾征宇
出版发行　中国工人出版社
地　　址　北京市东城区鼓楼外大街45号　邮编：100120
网　　址　http://www.wp-china.com
电　　话　（010）62005043（总编室）
　　　　　（010）62005039（印制管理中心）
　　　　　（010）62382916（职工教育分社）
发行热线　（010）62005996　82029051
经　　销　各地书店
印　　刷　三河市万龙印装有限公司
开　　本　787毫米×1092毫米　1/32
印　　张　3.5
字　　数　34千字
版　　次　2020年10月第1版　2023年7月第2次印刷
定　　价　20.00元

目录

C O N T E N T S

第一章　常见职业病及预防

胃　病 3
颈椎病 4
肺部疾病 5
腰椎间盘突出与腰痛 6
前列腺炎 7
肩周炎 8
振动病 9
急性颈扭伤 10
重　听（耳聋） 11
视力疲劳综合征 12

第二章　工间微运动

面部操 15
颈肩腰背微运动 19
上肢微运动 24
下肢微运动 29

第三章　身体突发急病的判断和应对

心肌梗死 35
低血糖休克 37
心律失常 38
脑出血 39
热中风 40
中　暑 42

第四章 传染病的预防

认识传染病 45
传染病是如何传播的 49
怎样预防传染病 53
生活中常见的传染病 56

第五章 心理健康

心理健康的标准 71
心理健康和身体健康的关系 73
怎样保持心理健康 74
什么是心理障碍 75
积极心态的作用 77
提高心理适应能力的方法 79
驾驶员如何避免“路怒症” 80
驾驶员如何应对大脑麻痹状态 81

驾驶员如何克服“燃尽综合征” 82
驾驶员怎样调节“倒班者综合征” 83

第六章　压力和情绪纾解

什么是压力 87
压力与健康的关系 89
你的压力来自哪里 90
调适压力的方法 91
如何赶走职业倦怠 93
什么是情绪 94
情绪与健康的关系 95
常见的情绪困扰 97
怎样管理自己的情绪 98
如何应对他人的情绪 100

后　记 102

第一章

常见职业病及预防

胃 病

由于工作时间的不固定性，很多驾驶员会养成不合理、不规律的饮食习惯，易患消化系统疾病，如消化不良、胃部疼痛、胃炎、胃溃疡等。

为预防胃病的发生，驾驶员应做到合理安排车辆行程，做到每间隔4~5个小时就用餐一次，坚持“衡、软、缓、淡”的饮食习惯。长途运输时必须常备些新鲜水果、糕点和饮用水。如果平时就有胃病，应在医生的指导下适当用一些胃黏膜保护剂、抑酸剂或胃动力药。

另外，情绪不稳定或长期过度紧张，会导致中枢神经紊乱，并对内脏器官的功能产生消极影响。所以，保持稳定的情绪，减轻生理、心理负担对于保护肠胃来说也十分重要。

颈椎病

驾驶员在工作中长时间抓握方向盘久坐不动，容易引发局部肌肉劳损，进而诱发颈椎病变，出现颈肩痛、头晕、头痛、上肢麻木、肌肉萎缩等症状。

为预防颈椎病，驾驶员在休息期间可以做一些颈椎保健操来进行锻炼，做操时如果感觉不适应就要马上停止，强度不要太大，以免拉伤颈部肌肉，加重病情。

在日常生活中，也应该加强锻炼、增强体质；保持良好的睡眠习惯，选择合适质地与高度的枕头以保护颈椎；平时多摄取能够强筋健骨的食物，如豆类、鱼类等。

肺部疾病

汽车尾气对健康的危害主要表现为刺激眼睛，引起红眼病；刺激鼻、咽喉、气管和肺部，引起慢性呼吸系统疾病。由于驾驶员长期行驶在路上，早出晚归，因此肺部疾病也成了驾驶员易患的疾病。

想要预防肺部疾病，可以积极参加体育锻炼，如做广播体操、打太极拳、练气功等。同时，经常训练腹式呼吸以代替胸式呼吸，每次持续 5~10 分钟，可以增强膈肌、腹肌和下胸肌力量，加深呼吸幅度，增大通气量，减少残气量，从而改善肺功能。

此外，平时要多去空气新鲜的地方散步，多食用一些如木耳等对肺部有利的食物，同时要注意少辣少盐，清淡饮食。

腰椎间盘突出与腰痛

驾驶员开车时腰部姿势的不正确、座位与方向盘的高度不协调，以及腰骶部受到长时间的颠振等都有可能导致腰部疾病，引发腰腿疼痛、无力、麻木等症状。

为避免腰部疾病的发生，驾驶员需保持正确的驾车姿势，确保腰椎受力适度。驾车时要双眼平视、座椅的靠背向后微倾、坐垫略向前翘起。臀部置于坐垫和靠背的夹角中，以在操作时不向前移为宜。此外，持续驾车时，期间注意间歇性休息。一次驾车时间一般不宜过长，否则会身心疲惫，既影响行车安全，又危害健康。在驾车过程中，一般每隔 2 个小时可停车休息，这样可以帮助肌肉消除疲劳并起到复原作用，从而减少振动带来的危害。

前列腺炎

驾驶员由于长时间坐在座位上，无法进行放松活动，极易对下尿路造成压迫，影响其血液循环，引发前列腺炎。此外，由于饮水少却经常憋尿等，对尿路造成直接刺激，也容易使前列腺炎加重，从而出现排尿困难、尿潴留等症状，合并感染时还会出现尿频、尿急、尿痛等膀胱炎症状。

驾驶员开车时间长，工作十分繁忙，要注意避免过度劳累和长时间坐在车内不动，停车待客时应走出汽车活动一下，适当地放松肌肉，不但可以消除全身疲劳，而且有利于会阴部血液循环，减少前列腺炎的发生。此外，在饮食方面也要注意不要过多食用辛辣刺激性食物。

肩周炎

肩周炎是驾驶员常见的职业病之一，驾驶员在工作中肩关节长期保持同一姿势或张力，很容易使肌肉疲劳而患上肩周炎，从而导致肩关节疼痛和活动受限，不能灵活、准确地进行驾驶操作，甚至引发交通安全事故。

为避免肩周炎的发生，在日常生活中一定要注意劳逸结合，不要过度劳累，在行车一段时间后伸展一下肩膀。冬季要注意保暖，夏季车内空调温度不宜过低，避免肩部着凉。此外，还可以通过适当的按摩和热敷来缓解肩部的不适。

振动病

驾驶员长期受到车辆振动的影响，可能会导致神经系统功能下降。例如，条件反射受到抑制，振动觉、痛觉功能减退，对环境温度变化的适应能力降低。振动过强时，还会导致手臂疲劳、麻木、握力下降。随着时间的推移，甚至会出现肌肉痉挛、萎缩，引起骨关节的改变，出现脱钙、局部骨质增生或变形性关节炎。

为了预防振动病，必须认真保养好减振器，使其始终保持良好的工作状态。同时，要注意正确利用轮胎花纹减速。在驾驶车辆时应平顺柔和，避免野蛮操作。将驾驶座位调整至适当的位置，在座位靠背上装配富有弹性的垫子，以起到分散振动冲击的作用。在握方向盘时用力要适度，最好戴纱手套，使手掌与汽车形成间接接触，以缓冲振动的刺激。

急性颈扭伤

急性颈扭伤在驾驶员身上时有发生，主要原因是在驾驶车辆或倒车时，驾驶员突然大幅度扭头向后看，致使颈部肌肉、筋膜强行过度屈伸而产生痉挛、撕裂。此外，在高速行驶中突然急刹车，或在低速行驶中突然高速加油，都有可能导致颈部肌肉在惯性力的作用下产生急剧痉挛。

因此，在工作期间要避免突然强行过度扭转头部、颈部，倒车时尽量通过反光镜观察车后情况。确需扭头时，首先应适当调整坐姿以使颈部不致过度扭转，连续扭头时间不宜过长。平时开车时应避免急刹车及突然加速，以防因头部、颈部与躯干移动速度不一致而产生颈部肌肉痉挛。

重 听（耳聋）

机动车发动机运转、汽车喇叭、所载物体的振动等都可能产生不同强度的噪声。部分机动车驾驶室内噪声强度超过规定标准，喇叭声在某些地方不绝于耳。驾驶员长期在噪声的“轰击”下，易产生噪声性耳聋，表现为开车之后听力下降，如不开车，听力又会逐渐恢复。但长期开车，反复接触强噪声，会造成听力明显受损，且不能完全恢复，最终导致双侧不可逆性耳聋。为预防这种不可逆的伤害，驾驶员最好在不妨碍驾驶安全的情况下，关闭车窗行车。

视力疲劳综合征

驾驶员在开车时，眼睛时刻要注视路面的车辆和行人的情况。倘若汽车的挡风玻璃质地粗糙，或高低不平、厚薄不一，则会直接影响司机的视力，导致视力疲劳综合征，即在开车过程中，出现头晕、视物模糊、两眼胀痛等症状。

此外，驾驶员在驾车时精力高度集中，路边的房舍、树木、田园等静止物在车轮滚滚向前时瞬间快速向后退去，尤其是晴天在太阳光线强烈的情况下，这种动的光波刺激一旦被长时间疲惫行车的驾驶员接收，便要消耗很多的视紫质。

为缓解视力疲劳，驾驶员可以在停车后尽量眺望远处或绿色植物，或者做眼保健操。此外，饮茶能加速视紫质的合成，对保护视力能够起到一定的积极作用。

第二章

工间微运动

面部操

1. 挤眉弄眼

● **要领：** 使劲皱眉头，向眉心用力收缩，但不要闭眼，坚持 3~5 秒后，努力地睁大双眼（图 1-1）。每天练习 5~8 次。高度近视的人不宜做此练习。

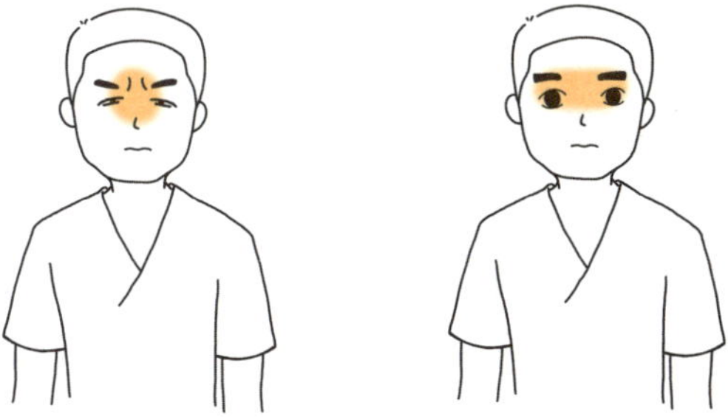

a　　b

图 1-1

挤眉弄眼

● **功效：**驾驶员在驾车时需要注意力高度集中，长时间高强度地用眼容易导致视觉疲劳，从而引起眼睛酸痛、发红、干涩，甚至会产生阵发性的视物不清或幻觉，这是十分危险的。

这个动作对缓解眼部疲劳具有很好的效果，可以加快眼部血液循环，缓解眼睛干涩，改善眼痛、模糊、充血等症状，让眼部深层肌肉变得强韧有活力。

● **感觉：**挤眉时眉心用力收缩，眼前有模糊的感觉，当突然睁大眼睛时眼前特别明亮，会产生透视的感受。

2. 按揉迎香穴

● **要领：**两手中指或食指按于鼻翼外缘旁的迎香穴，连续揉按 30~40 次（图 1–2）。

● **功效：**常揉搓迎香穴可促进鼻子的血液循环、增强鼻子的抵抗力，有缓解鼻炎、预防感冒、减少面部皱纹、消除眼部浮肿、提高嗅觉灵敏性的功效。

● **感觉**：迎香穴有酸、胀的感觉。按揉后会立刻感到呼吸畅快，鼻塞现象也会得到改善。

图 1–2
按揉迎香穴

3. 鸣天鼓

● **要领**：两手掌分别紧贴于耳部，掌心将耳部盖严不要留有缝隙，如封鼓状。再用大拇指、无名指和小拇指固定于头后部，然后中指贴在枕后，食指按在中指上，接着食指用力向下快速滑弹、叩打枕部（图 1–3）。此时耳中有“咚咚”的击鼓声响，该动作需反复操作 20~30 次。

a

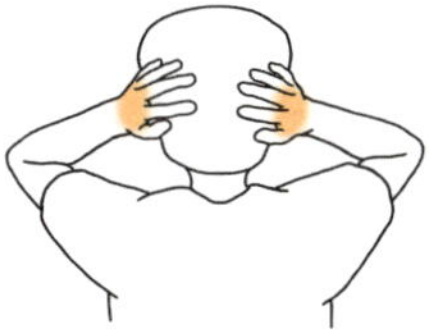

b

图 1–3
鸣天鼓

● **功效**：驾驶员常年在高分贝环境中工作，

听力容易受到损伤。鸣天鼓可振动耳膜，减缓耳窝退化，还能改善头痛、头晕、耳鸣、鼓膜塌陷等诸多不适。长期坚持有醒脑、增强记忆、保护听力的作用。

● **感觉：**耳中有“咚咚”的声响，被弹击的后脑部微痛。

颈肩腰背微运动

1. 抱头后仰

● **要领**：正常坐姿，全身放松，双手十指交叉抱于枕部，头向后用力仰，双手向前用力对抗（图 2-1，箭头所示为用力点方向）。注意头部不要向下低，可稍向后仰，至最大幅度时停留 20~40 秒。需慢慢发力、慢慢放松，不可用爆发力，动作幅度也不宜过大。让相关肌肉都能最大限度地参与工作，以增强锻炼的

2-1
抱头后仰

效果。

● **功效：**驾驶员在行车过程中，头部长期前倾容易使颈曲变直。此动作利用杠杆原理使脖子后仰以恢复颈椎的生理弯曲，既能够放松颈部和肩部的肌肉、促进血液循环，又能够防治颈曲变直和肩周炎。

● **感觉：**颈部后面的肌肉有酸、胀、热的感觉。

2. 双肩环绕

● **要领：**正常坐姿，全身放松，肩关节向前、向后绕环各 20 次（图 2–2，箭头所示为用力点的旋转方向）。动作幅度宜大不宜小，以达到增强锻炼的效果。

● **功效：**驾驶员在工作中长时间抓握方向盘，颈肩持续处于紧张状态，容易造成肩部肌肉劳损，诱发肩部、背部疾病。双肩环绕可放松胸部、肩部、背部的肌肉，缓解肩部、颈部、背部疲劳，改善血液循环，预防肩周炎、颈椎病，对长时间驾驶造成的背部不适有非

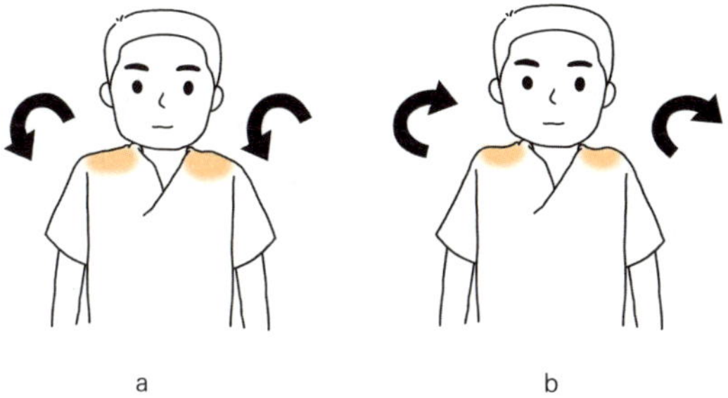

图 2–2
双肩环绕

常好的缓解作用。

● **感觉：**肩部、颈部、背部有放松、舒适的感觉。

3. 腰部拉伸

● **要领：**挺胸坐直，上体向左倾倒，左手指尖向下发力带动上体向左倾，好像捡地面上的东西（图 2–3，箭头所示为用力点的方向）。要慢慢发力，动作幅度由小到大，左右交替练习 10~20 次，以增强侧腰肌肉的力量。

● **功效：**驾驶员由于长时间坐在座位上，

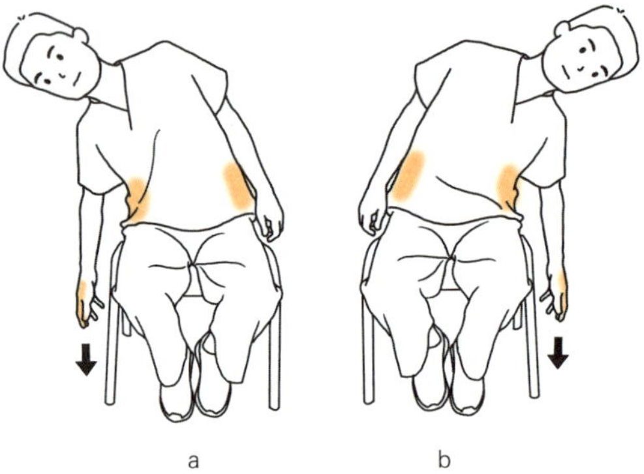

图 2–3
腰部拉伸

腰部肌肉长期处于紧张状态，容易导致腰肌劳损。这一练习可拉伸腰部两侧的肌肉，改善腰部血液循环。

- **感觉：** 腰部两侧的肌肉有被拉伸的感觉。

4. 膝肘互动

- **要领：** 坐于椅子前三分之一处，挺胸收腹，上体直直地向后慢慢倾，背部不能靠椅背。两臂、两腿屈曲，左膝关节触碰右肘关

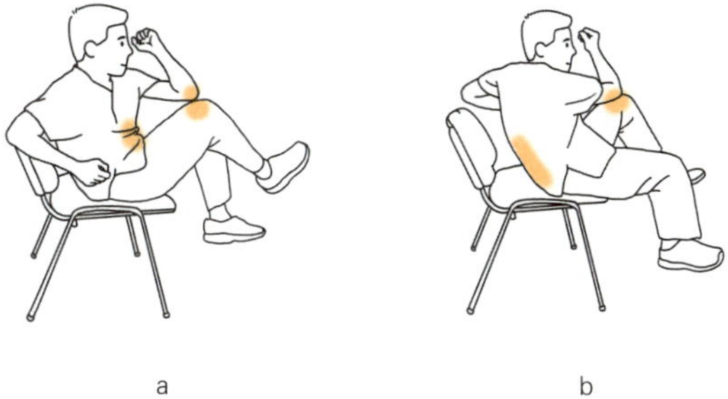

图 2–4
膝肘互动

节，右膝关节触碰左肘关节（图 2–4），交替练习 20~40 次。

● **功效：**驾驶员长时间坐着，脂肪容易堆积在腹部，从而造成腹性肥胖。膝肘互动锻炼腹部肌肉，经常练习可使其变得紧实有力，能够达到健腰强腹、减少腹部赘肉的功效。

● **感觉：**腹部肌肉有酸、胀、热，甚至被撕裂的感觉。

上肢微运动

1. 非常六加一

● **要领：**取正常坐姿，沉肩松背，五指分开。大拇指、食指、小拇指尽力伸直，中指、无名指尽力屈曲，双手腕关节做大幅度顺时针和逆时针旋转，幅度越大效果越明显（图 3-1），坚持 4~6 个 8 拍。

● **功效：**驾驶员长时间抓握方向盘，容易

图 3-1

非常六加一

造成手指和腕部肌肉劳损，诱发腕部疾病。“非常六加一”的动作练习可以活动手指关节，防止手指肿胀，改善手部、前臂的血液和淋巴循环，提高手指屈肌、伸肌的力量，加强前臂旋内、旋外肌群的锻炼，缓解腕部不适。

● **感觉：**指根部有被撕裂的感觉，前臂肌肉有酸、胀、热、痛、痉挛的感觉。

2. 扶手屈伸

● **要领：**取正常坐姿，全身放松，两臂撑于椅子两扶手上，双腿踝关节交叉，两臂屈伸，借助椅子扶手上下移动身体（图 3–2），练习时动作频率不要太快，尽力为止。女士如果上肢力量不足可双脚落地助力。

● **功效：**驾驶工作中上肢长时间处于前伸状态，上臂肌肉容易松弛，在椅子的扶手上进行屈伸主要锻炼肱三头肌，可改善上肢血液循环，提高肱三头肌、背阔肌、股四头肌和髂腰肌的力量，能有效预防肩周炎，对女

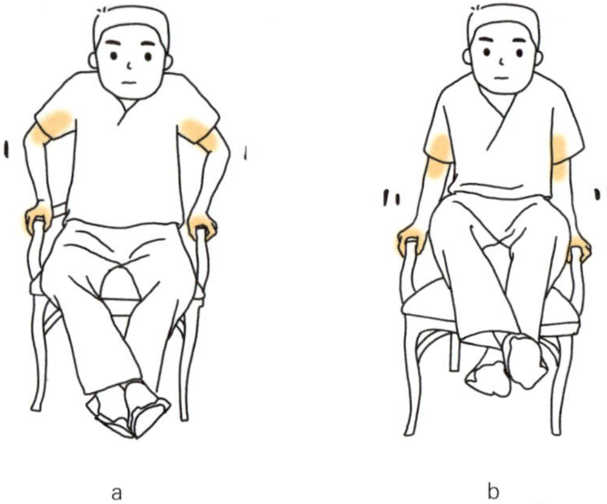

图 3-2
扶手屈伸

士深恶痛绝的“蝴蝶袖”也具有非常好的锻炼效果。

● **感觉：** 肱三头肌有酸、胀、热的感觉。

3. 膝手对抗

● **要领：** 取正常坐姿，全身放松，两腿分开与肩同宽，两手置双膝关节外侧，肘关节微屈，两臂用力向内发力推膝关节，肩部放松。

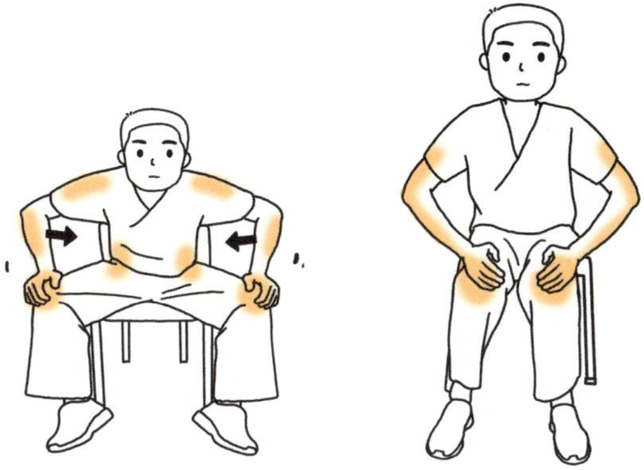
a　　b

图 3–3

膝手对抗

坚持不动 20~30 秒后，双膝关节慢慢退让开合，上肢持续稳定发力（图 3–3），坚持 2~4 个 8 拍。让相关肌肉都最大限度地参与工作，以增强锻炼的效果。

● **功效：**驾驶员工作时久坐不动，头部前倾、上肢前伸抓握方向盘，容易造成含胸驼背。这一运动能改善上肢、下肢、髋关节、胸部的血液和淋巴循环，提高胸大肌、三角肌、肱二头肌、大腿外展肌群和臀部肌肉力量，滑利髋关节。

- **感觉：** 胸大肌、腿部和髋关节有酸胀感。

下肢微运动

1. 坐位登山

● **要领：**正常坐姿，全身放松，两手置于两膝关节上，两手用力下压，两腿依次尽力上抬，膝手对抗，双脚落地要轻（图 4-1），大腿有像在爬山一样的疲劳感。

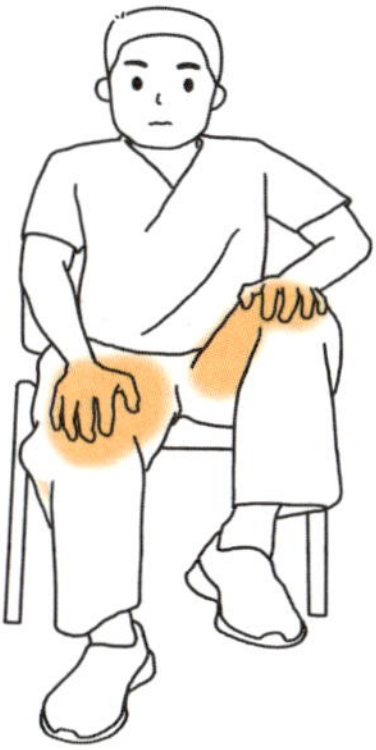

图 4-1
坐位登山

● **功效：**驾驶员由于工作时间不固定，经常会出现久坐憋尿的情形。会阴部长时间受到压迫，影响盆腔血液循环，易诱发男性前列腺炎，女性尿路感染。这个动作可以改善下肢血液、淋巴循环，激活肱四头肌、髂腰肌、臀部肌群和肱三头肌，加快腿部和盆腔静脉血回流。有瘦大腿、美臀和优化腿部线条，增强膝关节稳定性的功效。

● **感觉：**身体有爬山的疲劳感，大腿前侧肌肉有酸、胀、热的感觉。

2. 坐位马步

● **要领：**取正常坐姿，坐于椅子三分之一处，两脚分开稍宽于肩，两脚尖平行向前，不要外撇，头往上顶，头顶如被一根线悬提。将重心集中在身体中央。上体稍前倾，臀部尽量上抬但不离开椅面（图 4–2），坚持不动 30~60 秒。要慢慢发力、慢慢放松，让相关肌肉都最大限度地参与工作，以增强锻炼的效果。

● **功效：**驾驶员长时间久坐，肌肉易缺血，从而导致肌肉劳损和退化。坐位马步可改善下肢血液、淋巴循环，提高股四头肌、胫骨前肌和背部肌肉力量，增强膝关节的灵活性

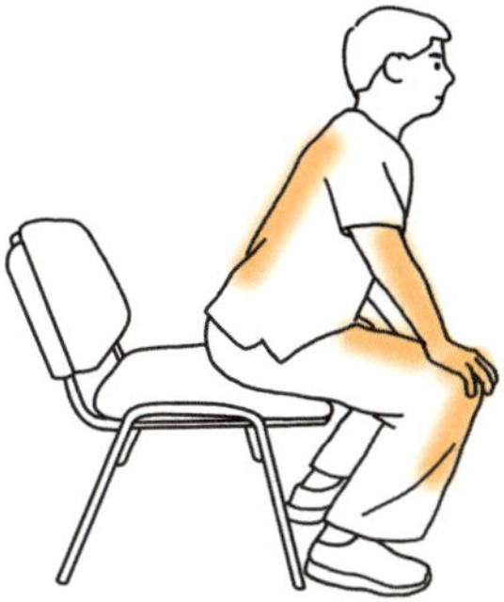

4–2
坐位马步

与稳定性，加快小腿血液、淋巴回流。

- **感觉**：大腿、小腿的前侧肌肉和背部肌肉都有酸、胀、热的感觉。

3. 原地碎步跑

- **要领**：取站立姿势，预备时脚跟提起屈膝，上体前倾约 45 度，原地高频快跑，手臂在身体一侧缓慢摆动（图 4–3），坚持 20~40 秒。
- **功效**：驾驶员由于长时间驾车，处于相对静态的工作模式，容易出现呼吸放慢、心

a　　　　b

图 4–3
原地碎步跑

跳放慢、血液流速放慢、单位时间内血流量降低的状况，“三慢一低”会使人处于低氧的状态，容易产生疲劳感。原地碎步跑是一种快速启动心肺的经典小练习，经常练习可以提高心肺储备功能，促进血液循环，具有快速燃烧血糖的功效。

- **感觉：**心跳加速，呼吸加快，身体发热，大腿前侧肌肉和小腿后侧肌肉有酸胀的感觉。

第三章

身体突发急病的判断和应对

心肌梗死

心肌梗死多由心绞痛引起，疼痛时伴有大汗、恶心、呕吐、心律失常、低血压等症状。平时身体健康，突然出现憋闷、乏力、运动时心慌气短等迹象时也要多加警惕，这些很可能是心肌梗死的前兆。

驾驶员如果在行车过程中发作心绞痛，应该立刻靠路边停车，平躺在地保持心情平稳，不要慌张，并大口呼吸，随后拨打 120 求救。切记在这一系列过程中都要保持平躺，尽量不要挪动身体。如果身上带有速效救心丸，可以先行服用。

造成心肌梗死的主要原因是冠状动脉粥样硬化，这种情况会因为供血不足或者缺氧而引起心肌坏死。一般而言，患有心肌梗死的患者多数会有相同的习惯，比如抽烟、喝酒、熬夜等。如果可以做到戒烟戒酒，拥有良好的睡眠和健康的生活方式，通常就可以很好地预防心肌梗死。如果自身有高危因素，可以坚持每年体检一次，做到早发现、早治疗。

低血糖休克

低血糖休克常常由低血糖症引发，低血糖症的人会有虚弱、嗜睡、发抖、混乱、饥饿以及头晕的感觉。同时伴有皮肤苍白、头痛、激动、流汗、心跳加速、发冷、笨拙或痉挛等症状。

在严重的情况下，患者可能会丧失意识甚至昏迷，即出现低血糖休克。长期的糖尿病患者，由于身体对低血糖反应的机能受到破坏，所以可能无任何警觉性症状就发生低血糖，当血糖低到某一程度时，便会马上昏迷。

驾驶员在工作期间如果发生轻度或者是中度的低血糖症状，可通过口服糖水或含糖的饮料，吃一些馒头、饼干、糖果等食物缓解症状，必要时需要暂停工作，拨打 120 并向公司请求帮助。

心律失常

在日常生活中，过大的压力和不良的生活习惯都非常容易引起心律失常，即出现心悸、胸闷、胸痛、头晕、低血压、出汗、心前区不适等症状，严重者还可能出现晕厥，甚至猝死。运动、情绪激动、进食、体位变化、吸烟、冷热刺激等都有可能成为诱发这一疾病的因素。

当驾驶员发生心律失常时，和处理心肌梗死一样，在出车的情况下应该立刻靠路边停车并平躺、大口呼吸，然后拨打120并向公司请求帮助。尽量不要挪动身体，如果身上带有平时服用的药物或速效救心丸，可先行服用。

脑出血

脑出血是指非外伤性脑实质内血管破裂引起的出血，发生的原因主要与脑血管的病变有关，即与高血脂、糖尿病、高血压、血管的老化等密切相关。

脑出血的患者往往在情绪激动或用力时突然发病。发病前会感到头晕和剧烈的头痛，且持续不断并逐渐加重。同时，伴有恶心、呕吐；与人交谈时突然讲不出话来，或吐字含糊不清，或听不懂别人的话；有的还会出现意识模糊，大、小便失禁等症状。

如果驾驶员在行车过程中出现上述症状，应该立刻靠路边停车，然后平躺、大口地呼吸，并拨打 120 求救。

热中风

热中风即因酷热导致的中风。高温酷热易使人心情烦躁，情绪变化大，引起血压波动，继而诱发中风。本来就有慢性病的驾驶员若长时间待在温度较低的空调车厢里，一旦外出就很容易因为车厢内外温差过大，血管舒缩调节功能紊乱，导致血管痉挛，进而出现中风。

热中风的急救有三个黄金步骤：第一步，当驾驶员发病时，会出现一侧肢体麻木、无力，一侧面部麻木、口角歪斜，或视物模糊、头痛等不适症状。救治口诀为“言语含糊嘴角歪，胳膊不抬奔医院”；第二步，一旦发现驾驶员中风，其他乘务人员需立即拨打 120 并向公司报告，同时记录病人发作的时间。在等待救护车到来时，不要搬动患者，尤其要避免摇晃其头部。尽量让患者侧卧或头部偏向一侧，保持呼吸道通畅，有假牙者应取出；第三步，尽快送往附近的医院，确保患者得到及时、规范的救治。

驾驶员在平时一定不要过分贪凉，尤其是有高血压、高血脂等疾病的患者，更不能长时间吹空调，室内外的温差应不超过10度。有高血压的驾驶员要坚持服药控制病情，另外平时还可以多吃一些有利于降压或者平稳血压的食物，比如菠菜、大蒜、山楂等。

中 暑

中暑是指人体在高温环境下因体温调节功能紊乱而引起的以中枢神经系统和循环系统障碍为主要表现的急性疾病。除了高温、高湿或烈日暴晒外，工作强度过大、时间过长、睡眠不足、过度疲劳等均为常见的诱因。

驾驶员在行车过程中，如果感到头晕、恶心、心慌等，很可能已经中暑，此时应立即停车，找个阴凉的地方休息。及时补充水分，但不要大口猛喝，以防加重心脏负担，同时服用一些解暑药物，保持身体的放松和周围环境的通风，若休息后症状没有缓解应及时就医。

在炎热的夏季要注意多喝水，多食用一些苦味菜和凉性蔬菜，同时也要保持良好的睡眠。此外，可以随时携带一些防暑药物，如藿香正气水等，以备不时之需。

第四章

传染病的预防

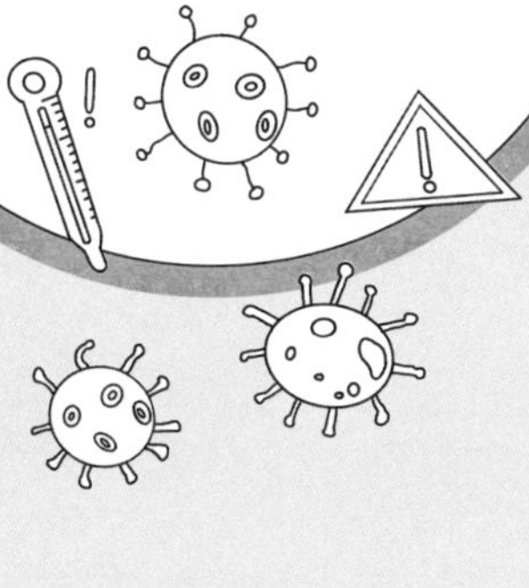

认识传染病

1. 传染病的定义

传染病是由病原微生物引起的能在人与人或人与动物之间相互传染的疾病。

病原微生物个体微小、结构简单，通常要用光学显微镜和电子显微镜才能看清楚，包括细菌、病毒、真菌、酵母菌等。目前，威胁人类健康的病毒有5千多种，细菌有3万多种。

传染病不同于一般的疾病，不仅会给病人的生命健康带来危害，还能在人群中相互传播，甚至引起流行病暴发，给社会稳定带来巨大危害。

2. 传染病的四个基本特征

- **病原体：**每一种传染病都有特定的病原体，比如结核病的病原体是结核杆菌，流行性感冒的病原体是流感病毒。病原体主要包括病毒、细菌、真菌和寄生虫等，其中病毒和细菌性传染病较为多见。
- **传染性：**传染性是传染病与其他感染性疾病的主要区别。传染病患者有传染性的时期称为传染期，传染期在每一种传染病中都相对固定，可作为确定隔离患者时间的依据之一。
- **流行病学特征：**传染病的流行过程受自然因素（如地区差异、季节差异等）和社会因素（如经济状况、环境卫生、政策等）的影响。

疾病流行根据强度和广度可分为散发、流行和大流行以及暴发等几种类型。

传染病的地方性特点是指某些传染病，由于其中间宿主受地理条件的影响，常局限于一定的地理范围内发生，又称为“地方性传染病”。

传染病具有季节性的特点，是指传染病的发病率在年度内有季节性升高，这与温度、湿度等气候因素的改变有关。如流行性乙型脑炎、疟疾和肠道传染病一般多见于夏季。

认识某种传染病的季节性和地区性特点，对于不同地区的驾驶员，特别是长途驾驶员来说会很有帮助，可以通过提早准备和防护来降低感染此类传染病的风险。

- **病后免疫性：**人体感染病原体后，无论是否发病，都能产生针对病原体的特异性免疫，产生相应的抗体，从而使人体对同一种传染病病原体产生不感受性，即为免疫。

许多传染病在人的一生中只可能患一次，如天花、水痘、麻疹、流行性腮腺炎、小儿麻痹症、乙型脑炎等。因为患过这类传染病后，机体内就终生存在消灭这种病原体的抗体，当这种病原体再次侵入机体时，机体免疫系统就会发挥作用。

同样，如果接种过此类传染病的相应疫苗，人体内也会产生并终生存在针对某种传染病的抗体，从而获得非常牢固的免疫力。在这种情况下，传染病产生的免疫称为终生免疫或持久免疫。

不同的传染病其病后免疫状态有所不同，有的传染病感染一次后可终身免疫，有的还可再被传染。

原因是有的传染病是由同一种病原体的不同亚型或不同的病原体引起的，即使人体对一种亚型病原体产生了免疫力，当受到另一种亚型病原体的侵袭时还会再次得病。如引发手足口病的肠道病毒有 20 多种（型），所以患过一次手足口病，仍然可能再次患病。

传染病是如何传播的

传染病的流行需要满足一定的条件，当传染源、传播途径、易感人群三个因素同时存在，才会形成流行甚至是暴发。

1. 传染源

传染源可以是病人、病原携带者和受感染的动物。

病人是重要的传染源，因为病人体内存在大量病原体，而且某些临床表现有利于病原体排出，如流感、肺结核等一些呼吸道传染病造成的喷嚏、咳嗽；痢疾、霍乱等肠道传染病造成的腹泻，这些症状增加了易感者受感染的机会。有些传染病，如麻疹、天花、水痘等，患者是唯一的传染源。

病原携带者作为传染源具有隐蔽性，包括潜伏期携带者、恢复期携带者和“健康”

携带者。病原携带者作为传染源的意义大小，不仅取决于携带者的类型、排出病原体的数量、持续时间，更重要的是取决于携带者的职业、生活行为、活动范围等，这也是驾驶员发现自己患有传染病就不能带病工作的原因。

受感染的动物也可作为传染源，如鼠、犬、猫、牛、羊、猪、狼等，可传播流行性出血热、鼠疫、狂犬病、布氏菌病等。

此外，还存在“健康”病原携带者，即无任何症状、体征及病史，却排出病原体的人。这种病原携带者通常只能靠化验检出。这也是2020年新冠肺炎疫情期间做人群核酸检测的意义所在。

2. 传播途径

- **呼吸道传播：**带有病原体的飞沫通过空气的流动经呼吸道传播，如流感、百日咳、结核病、新冠肺炎等。公共交通工具、候车室是发生此类传播的常见场所。

● **消化道传播：**食用被病原体感染的水和食物而患病，如霍乱、伤寒、痢疾、甲肝等。

● **虫媒传播：**通过被蚊虫叮咬、吸血而传播某些传染病，如疟疾、乙脑、登革热等。

● **接触传播：**①直接接触传播，是指传染源与易感者接触而未经任何外界因素所造成的传播。例如，性病、狂犬病、鼠咬热等。②间接接触传播，又称日常生活接触传播，是指易感者接触了传染源的排泄物或分泌物污染的日常生活用品而造成的传播。

● **垂直传播：**是孕妇与胎儿两代之间的传播，包括经胎盘传播、分娩引起的传播等方式。

3. 易感人群

易感人群是指对传染病病原体的免疫力低，容易被感染的人群。

传染病的病原体侵入人体后，由于免疫力的影响，不一定会在体内生长繁殖。只有侵入缺乏免疫力的机体，才能引起传染过程的发生。这种对某种传染病病原体具有感受性的人称为该传染病的易感者。例如，未患过麻疹，又未接种过麻疹疫苗的儿童即麻疹的易感者。

易感者的比例在人群中达到一定水平时，又有传染源和合适的传播途径，就很容易发生传染病流行。人群普遍缺乏对新发传染病的免疫力，因此易感性高，满足了传染病暴发或流行条件，这也是2020年的新冠肺炎疫情在全球快速蔓延的原因。但当人们普遍接种了新冠肺炎疫苗后，人群的易感性低了，新冠肺炎就很难再引发大的流行。

同等暴露在传染源的情况下，婴幼儿、体弱的老年人、有基础病的患者更易被感染。

怎样预防传染病

1. 勤洗双手

传染病患者或携带者可通过咳嗽、打喷嚏将细菌和病毒散播到空气中，或者通过呕吐、排泄物等污染生活环境。病原微生物可以在物体表面存活几分钟到几个月。公共交通工具上人流大，难免会出现生病的患者或无症状感染者，有些致病微生物可能就存活在方向盘、公交车扶手、电钮开关、门把手以及钞票、手机等物体上，手成为传染病传播的重要媒介。

一般人在一个小时内，会在不自觉中至少三次用手碰自己的鼻子、眼睛或嘴巴等部位。所以勤洗手显得格外重要。做完车内清扫、消毒工作后；饭前或吃药之前；便前便后；下班回家、购物后；去医院或与患者接触后；接触钞票后；抱孩子之前；接触眼、鼻、口前；戴口罩前和摘口罩后都需要认真洗手，在没有条件洗手时，可使用消毒剂产品替代。

洗手要认真，一定要使用洗手液或香皂，反复揉搓到每个部位。最后用流动的水清洗干净，才能达到清洁的效果。

2. 常备口罩

司乘人员除了在疫情期间需要佩戴口罩之外，在日常情况下也要常备口罩。因为肺结核、流感、麻疹、水痘、流脑等疾病都可以通过呼吸道传播。公交车上有可能存在病人或病原携带者，病原体会通过咳嗽或打喷嚏在空气中形成的微滴进行传播。在出现呼吸道感染症状后；到医院就诊，或照顾和探望病人，特别是呼吸道感染患者时；在人多、空气不流通的公共场所，如：商场、超市、公共交通、游乐场等场所都必须佩戴口罩。

此外，口罩会被呼出的热气或唾液弄湿

而降低透气作用，也使阻隔病菌的作用大大降低，因此，一次性医用外科口罩应每4~6个小时更换一次。

3. 做好车内清洁消毒工作

驾驶员应保持车内环境整洁卫生，并采取预防性消毒措施；工作结束后用含有效氯250~500mg/L的含氯消毒剂对车内物体表面（如方向盘、车内扶手、桌椅等）重点进行喷洒或擦拭，也可采用有效的消毒湿巾进行擦拭；座椅套等纺织物应保持清洁，并做定期洗涤、消毒处理。

在日常情况下，车内可采用自然通风或机械通风，并注意定期清洁处理空调滤网；短途客车、公交车等有条件开窗的公共交通工具，可开窗低速行驶，也可在停驶期间开窗通风，保持空气流通。

生活中常见的传染病

1. 流行性感冒

流行性感冒简称流感，是由流感病毒引起的一种急性呼吸道传染病。流感是一种古老的疾病，也是人类至今还不能有效控制的世界性传染病。

● **传染途径：**流感主要通过空气飞沫传播，当带病毒的飞沫被人吸入时，病毒则进入上呼吸道使人感染。此外，流感病毒也可以通过口腔、鼻腔、眼睛等处黏膜接触进行传播。当人接触患者的呼吸道分泌物、体液和被病毒污染的食具、工具等物品也可能引起感染。

● **症状与危害：**感染流感病毒后的潜伏期一般是 1~3 天，病人主要表现为突然发热、畏寒、头痛、乏力、全身酸痛等，体温可到达 39℃ ~40℃。持续 2~3 天后逐渐退热，全身症状减退，但会有咽痛、咳嗽、发冷、鼻塞、流涕等呼吸道症状，少数病人有便秘、腹泻等胃肠道症状。症状病程通常为7天，也有轻症者2~3天即可恢复。

流感还可引起严重的并发症，如病毒性肺炎以及由细菌、病毒感染的各种肺部病变，还有儿童易患的肝脏、神经系统并发症、中毒性休克综合征等，特别是一些体弱多病的人群，由于抵抗力较弱，感染后更容易引起并发症。

● **如何预防：**同许多由病毒感染的疾病一样，治疗流感没有特效药物，主要是对症支持治疗。出现流感症状后一定要注意休息，多喝开水，饮食清淡。餐具、茶具、毛巾等要煮沸消毒，被褥要经常晾晒。

接种流感疫苗是防治流感的有效方法。我国大多数地区在每年10月开始接种流感疫苗。医务人员、驾驶员、教师等重点人群以及老年人、儿童应该优先接种疫苗。要注意接种疫苗的禁忌，如对卵蛋白或其他疫苗过敏者、中重度急性发热者等，应及时咨询相关医师。

驾驶员在流感流行期间要做好自我防护。保持车辆的通风换气，佩戴口罩并保持手卫生。如果不慎感染了流感，不要带病坚持上班，应居家休息。在家中要注意适当的隔离，不要面对面接触他人，咳嗽、打喷嚏时应该用毛巾捂住口鼻或戴口罩。症状较重者，要到医院就诊，以避免引起并发症。

2. 新冠肺炎

新型冠状病毒肺炎简称“新冠肺炎”，是由新型冠状病毒感染引起的急性呼吸道传染病。

- **传染途径：**呼吸道飞沫（打喷嚏、咳嗽等）和密切接触（感染了病毒的手接触到口鼻、眼睛等）都是其主要的传播途径。在相对封闭的环境中，长时间接触高浓度气溶胶情况下存在经气溶胶传播的可能。由于在粪便及尿中可分离到新型冠状病毒，应注意粪便及尿对环境的污染以及避免接触传播。

- **症状与危害：** 新型冠状病毒的潜伏期为1~14天，多为3~7天。新型冠状病毒在潜伏期具有传染性。

症状以发热、干咳、乏力为主要表现。少数患者伴有鼻塞、流涕、咽痛、肌痛和腹泻等症状。重症患者多在发病一周后出现呼吸困难或低氧血症，严重者可快速发展为急性呼吸窘迫综合征、脓毒症休克、难以纠正的代谢性酸中毒和出凝血功能障碍及多器官功能衰竭等。值得注意的是，重型、危重型患者病程中可为中低热，甚至无明显发热。轻型患者仅表现为低热、轻微乏力等，无肺炎表现。多数患者预后良好，少数患者病情危重，老年人和有慢性基础疾病者预后较差。

- **如何预防：** 疑似及确诊病例应在具备有效隔离条件和防护条件的定点医院隔离治疗。目前还无特效药，只能对症支持治疗。我国针对新冠肺炎的药物和疫苗都在研发过程中，同时也在对一些中药进行观察研究。

为了更好地预防新冠肺炎，应注意保持车内通风良好，非空调车的车窗应尽量打开，密闭的空调车要开启换气扇及空调排风装置；同时要注意保持车站、车厢内的卫生整洁，及时打扫卫生和清理垃圾；增加车站、车厢内清洁、消毒频次，指派专人进行清洁、消毒工作的督导检查，做好清洁、消毒工作的记录和标识。

驾驶员等工作人员要实行健康监测，若出现发热、乏力、干咳及胸闷等疑似新冠肺炎症状，不要带病上班，应主动戴上口罩就近到定点医院发热门诊就诊。

3. 肺结核

肺结核是由结核杆菌引起的一种慢性传染病。其中以肺结核最为常见，也可侵入脑膜、肠道、肾脏等多个器官。

- **传染途径：**活动期的肺结核病人是主要的传染源，在呼吸、说话、咳嗽时将病菌排至空气中。吸入一定量的病菌，再加上自身抵抗力低下，就很容易感染肺结核。

● **症状与危害：**结核病患者的早期症状常不明显，主要表现为呼吸道疾病的症状，如咳嗽、咳痰等，严重的患者可能有高热畏寒、胸痛、呼吸困难、全身衰竭等表现。肺结核病人往往伴有咳嗽，咳出的痰中带有血丝。结核杆菌侵犯脑膜、肠道、肾脏、肝脏等器官，可有头痛、呕吐、意识障碍、腹泻与便秘交替出现，还可能有血尿、肝大、脾大、贫血等表现。

结核病的危害主要表现在两个方面：首先，结核病可侵袭呼吸、消化、泌尿等多个系统引起各种不适，影响正常工作、学习和生活质量；其次，活动期的肺结核病患者向外界排放出结核杆菌，会引起结核病的传播，影响社会公众健康。

● **如何预防：**司乘人员最有效的预防方式是加强锻炼，保障充足的营养，增强自身免疫力，减少患结核病的机会。密切接触肺结核患者的家庭成员、同事等要到医疗机构进行结核病检查，必要时要在医生的指导下服用药物进行预防性治疗。

同时，要常备口罩，主动做好自我防护。保持车内良好通风，做到卫生整洁，及时清理垃圾和做好消毒工作。

4. 细菌性痢疾

细菌性痢疾简称菌痢，是由志贺菌属（痢疾杆菌）引起的肠道传染病。可引起结肠黏膜出现炎症和溃疡，并释放毒素，进入血液循环。

● **传染途径：**传染源包括患者和带菌者，并以轻症非典型菌痢患者和慢性隐匿型菌痢患者为重要传染源。痢疾杆菌随患者或带菌者的粪便排出，通过污染手、食品、水源或生活接触传播，或苍蝇、蟑螂等间接方式传播，最终均经口进入消化道使易感者受感染。全年均有发生，夏秋季为发病高峰。

● **症状与危害**

潜伏期为数小时至7天，一般为1至3天，

流行期为6至11个月，发病高峰期在8月。分为急性菌痢、慢性菌痢。临床表现主要有发热、腹痛、腹泻、里急后重、黏液脓血便，同时伴有全身毒血症症状，严重者可引发感染性休克或中毒性脑病。菌痢常年散发，夏秋多见，是我国的常见病、多发病。儿童和青壮年是高发人群。本病有有效的抗菌药治疗，治愈率高。

疗效欠佳或转为慢性者，可能是未经及时正规治疗、药物使用不当或耐药菌株感染。

● **如何预防：**首先，要管理传染源。及时发现患者和带菌者并进行有效隔离和彻底治疗。重点监测从事饮食业、保育及在水厂工作的人员，慢性患者和带菌者不得从事上述行业的工作。

其次，要切断传播途径。饭前便后及时洗手，养成良好的卫生习惯，尤其应注意饮食和饮水的卫生情况，关键是把住“病从口入”这道关。

最后，保护易感人群。口服活菌苗可使

人体获得免疫性，免疫期可维持 6~12 个月。

5. 传染性结膜炎

传染性结膜炎俗称“红眼病”，是一种急性传染性眼炎。根据不同的传染性结膜炎致病原因，可分为细菌性结膜炎和病毒性结膜炎，临床症状都很相似，但流行程度和危害性以病毒性结膜炎为重，在春夏季节多见。

- **传染途径**

病人是传染源，密切接触、经水传播是其主要的传播方式。红眼病患者的眼睛分泌物中含有大量的病毒，发病时感觉眼部不适，会经常用手去揉搓眼睛，眼睛分泌物污染手、毛巾等，再通过污染的手接触其他物体从而传染他人。

- **症状与危害**

红眼病起病急，多是双眼先后发病，患者眼内有异物刺激感或烧灼感，结膜肿胀，眼部分泌物增多，若伴有继发感染，可出现眼睑水肿、充血、眼红、流泪、眼球痛。检查可见弥漫性的眼球结膜充血，继而出现球结膜下出血，若及时治疗，成人 1~2 周内可完全康复。

- **如何预防**

保持车内的卫生整洁，做好消毒工作，特别是门把手、扶手、方向盘等；勤洗手，保持手部卫生，尽量不用脏手揉眼睛；不与他人共用毛巾等物品；驾驶员等工作人员要做好健康监测，若出现传染性结膜炎症状，应尽快去医院就诊，确诊后要居家自我隔离。

6. 幽门螺杆菌病

幽门螺杆菌病是一种由螺旋形微厌氧且对生长条件要求十分苛刻的细菌感染引起的疾病，是目前所知能够在人胃中生存的唯一的微生物。

- **传染途径：**“人→人”“粪→口”是主要的传播途径。病人的唾液和牙斑中存在幽门螺旋菌，可通过一起用餐传播，家庭内集中发病也说明了这一点。病人的粪便中也会排出这种细菌，被污染的水或食物也会造成传染。另外，还存在医源性的传播危险，如胃镜检查等。

● **症状与危害：**幽门螺杆菌感染能够引起慢性胃炎，主要表现有：上腹部不适、隐痛，有时出现嗳气、反酸、恶心、呕吐的症状，病程较为缓慢，但是容易反复发作，从而引起胃黏膜损害，如不及时治疗会发展为胃溃疡，甚至胃癌。

● **如何预防：**勤洗手，不共用个人物品。由于幽门螺杆菌的传染性强，可以通过手、不洁的食物、餐具等途径来传染，所以在日常生活中，应该养成良好的卫生习惯，饭前便后要洗手。

实施分餐制或使用公勺、公筷。我国幽门螺杆菌感染率高达50%，为了避免相互感染，在食堂就餐、朋友聚餐时应实施分餐制度或使用公勺、公筷。家中有人感染也要分餐直到患者完全病愈。如不注意个人卫生，幽门螺杆菌可以引起二次感染。

坚持每年进行体检，发现感染后，即便没有任何症状也要根除隐患，因为治疗胃内幽门螺杆菌感染是预防胃部疾病和胃癌的重要措施。

第五章

心理健康

心理健康的标准

心理健康，是指在身体、智能以及情感上与他人的心理健康不相矛盾的范围内，将个人心境调整至最佳状态。

心理健康的特征有五点，分别是智力正常、情绪稳定与心情愉快、行为协调统一、人际关系良好、具有良好的适应能力。

美国心理学家马斯洛和密特尔曼提出过十条经典的判断心理健康的标准，分别是：

（1）有充分的自我安全感。

（2）能充分了解自己，并能恰当估计自己的能力。

（3）生活理想切合实际。

（4）不脱离周围现实环境。

（5）能保持人格的完整与和谐。

（6）善于从经验中学习。

（7）能保持良好的人际关系。

（8）能适度地宣泄情绪和控制情绪。

（9）在符合团体要求的前提下，能有限度地发挥个性。

（10）在不违背社会规范的前提下，能适当地满足个人的基本需要。

心理健康和身体健康的关系

身体健康是心理健康的基础和载体，心理健康又是身体健康的条件和保证。积极健康的心理状态有利于身体健康，消极不健康的心理状态容易使人患生理疾病。

很多研究表明，生理疾病与心理因素有着密切的关系。比如，长时间的焦虑、紧张、恐惧、愤怒、敌意和抑郁等都能导致血压升高；持续的不良情绪会导致消化性溃疡；压抑的情绪过多，会导致大脑及神经的持续高度紧张，不易放松，久而久之形成偏头痛。

驾驶员的心理健康不仅事关个人的身体健康，对于广大乘客和行人的人身安全来说也至关重要。拥有良好的心理状态是做好本职工作的前提，因此，每位驾驶员都应该对自身的心理问题加以关心和重视，为自己的身心健康保驾护航。

怎样保持心理健康

想要保持心理健康，首先要有一个愉快的心情。比如，为自己设定几个明确的小目标，争取让自己在有限的时间内做更多有意义的事情。充实的生活会让我们的自我效能感得到提升，同时也会使我们的情绪变得更积极。

此外，可以掌握一些应对压力的技巧。比如，适当的宣泄、合理的体育锻炼、充足的睡眠以及营养的饮食等都是缓解压力、保持心理健康的有效途径。

驾驶员每天行驶在路上，紧张的时间节奏、道路交通拥堵的状态、乘客的抱怨等都可能影响其心理状态。为了保持心理健康，可以利用换班时间做一些简单易操作的运动，在天气炎热的时候吃一些清淡的食物，或是听一些自己喜欢的音乐。

什么是心理障碍

心理障碍是在大脑生理化功能障碍和人与客观现实关系失调的基础上产生的对客观现实的歪曲反映。面对各种压力、情绪、人际关系和婚恋家庭问题，如果不能很好地处理，长期处于纠结、压抑、紧张的心理状态中，终究会形成心理疾病和心理障碍。

心理障碍主要分为重度心理障碍和轻度心理障碍。

重度心理障碍包括精神分裂症、躁郁症以及反应性精神病等，表现为产生错觉、幻觉、思维障碍、妄想、意志行为障碍。社会适应能力也会因此丧失，从工作到人际交往到生活起居都会受到严重影响。

轻度心理障碍包括焦虑症、强迫症、抑郁症、癔症、神经衰弱等，表现为头痛、头晕、睡眠障碍、易激怒、情绪波动大、注意力不集中；在社会工作过程中明显感觉负担加重，日常人际关系紧张等。与重度心理障碍者不同的是，轻度心理障碍者对自己的心理异常有判断能力，因此，在发觉自己长期处于较差的心理状态时，一定要及时沟通、主动寻求治疗。

积极心态的作用

有了积极的心态，就有了克服困难的勇气。当我们遇到困难时，保持积极的心理状态，考虑的不是如何逃避，而是如何迎难而上，解决困难。

一个拥有积极心态的人，同时也拥有异常活跃的思维和敏锐的洞察力。面对同一件事或同一个人，如果你用消极的心态对待，就只能看到这件事情不利的方面或者这个人的缺点。而如果用积极的心态对待，你就能发现这件事或这个人的另外一面，而这另外一面，也许正好能为你取得成功提供可贵的机遇。

积极的心态可以营造愉快的心境，帮助人们建立自信心。生活中，没有人能够总是一帆风顺，人们总会遇到种种挫折与失败，比如朋友关系疏远、家庭不和谐、同事关系紧张等，这些经历或多或少会给人们带来烦恼与痛苦。如果总是执着于这些失败的经历，那么生活将是一片灰暗。但是如果能保持一种积极的心态，就会发现阴影之外的大片阳光。

提高心理适应能力的方法

生活和工作中往往会有很多突如其来的变数，只有学会调整心态以提高自己的心理适应能力，才能更好地面对这些变化与挑战。

首先，要分析变化的原因。学会正视、接受那些不受自身控制的客观转变；对受到人为主观原因的转变加以辩证地看待，并努力从自身寻找解决问题的突破口。

其次，制定合理的目标。为了使目标具有激励作用，使我们能够很快地适应目标，并有能力实现目标，设定的目标要明确、具体，难易程度要适中，要切合现实。

最后，调动自己的智慧和力量。总结经验和教训，积极寻找解决问题的办法，以便在面临新的问题和困境时，可以用更好的心态来应对和处理。

驾驶员如何避免“路怒症”

“路怒症”是指驾驶员在行车过程中表现出的愤怒或带有攻击性的行为。路怒症发作的人经常会口出威胁、动粗甚至毁损他人财物，这种情绪如果长期被忽视，将会对驾驶员的身心健康和安全驾驶带来不良后果。

在交通堵塞或是面对开车压力的情况下，驾驶员应学会避免不良情绪的干扰，为自己减压。在天气炎热的时候，可以适当多吃绿色蔬菜，喝点柠檬汁和含维生素 B 的饮料来调节情绪。遇到问题冷静处理，会更有利于事情的解决。一旦觉得心烦气躁，不妨尝试多做几次深呼吸等。

驾驶员如何应对大脑麻痹状态

由于驾驶员每天大量的工作时间是在道路上，受紧张的时间节奏、道路交通拥堵的状态、乘客的抱怨和指责等负面因素的影响，往往会使他们的大脑处于麻痹的状态，表现出心情焦躁、疲惫不堪、毫无动力等症状。

当驾驶员处在麻痹的心理状态时很容易心不在焉，安全敏感性也会降低，对道路上的突发事件失去警惕性。一旦遇到突发情况，往往会手忙脚乱、措施不当，甚至造成事故。

面对这种情绪状态，驾驶员平时可以通过适当的运动、泡脚等方式缓解疲劳，更要注意休息，保持良好的睡眠状态。此外，还可以通过阅读、下棋等活动调动自己的大脑兴奋度，提高灵敏性与反应能力。

驾驶员如何克服“燃尽综合征”

“燃尽综合征”指当一个人或一个群体在历尽了千辛万苦终于到达预定目标时，突然失去了前进方向而产生出的一种无助的失落感。一般说来，除了工作以外没有其他兴趣爱好的人，很容易出现“燃尽综合征”这一心理问题。

被工作压得透不过气来时，既定目标就成为他源源不断的力量源泉。一旦事情完成了，就会毫无动力。这样的状况就是出现了“燃尽综合征”这一心理问题。

驾驶员每天面对车站的终点，很容易出现这种心理问题，建议在下班之后可以看看电影、散散步、到郊区去远足等。在完成了既定目标后，选择一种适宜的娱乐项目放松，这样就不会使自己始终处于一种工作、工作，还是工作的机械状态中。

驾驶员怎样调节“倒班者综合征”

研究表明，如果长期在夜间工作、白天睡眠的话，很容易引发“倒班者综合征”，出现包括睡眠质量变差、头昏脑涨、精神萎靡、浑身乏力、食欲减退等症状。

经常值夜班的驾驶员可以通过改善工作和睡眠环境来避免“倒班者综合征”。比如，保证夜间工作场所的照明度，使环境明亮；夜班回家后，保持卧室及周围环境的安静，可以挂上厚一些的遮光窗帘；回到家后可以先洗个热水澡，吃一些容易消化的食品，睡觉前不要喝咖啡、浓茶等致人兴奋的饮料。

除此之外，保持良好的运动习惯能够起到增强体质、提高免疫力的作用，进而能够缓解工作昼夜颠倒带来的种种不适。

第六章

压力和情绪纾解

什么是压力

压力是人们感知到环境刺激（压力源）而产生的一种身心紧张的状态。它不仅包括环境刺激对人们造成的紧张，也包括人们对环境刺激的主观反应。

首先，压力是一种主观的身心反应。压力事件本身无所谓绝对的好与坏，由于我们对压力事件的认识不同，导致我们感受到的压力大小也会不一样。

其次，压力是由压力源引起的。压力源可以是外界物质环境，也可以是个体的内在环境及心理环境。如乘客不规范的乘车行为、拥挤的交通状况、炎热的工作环境等都可能让驾驶员产生压力。

最后，压力的大小与压力源的大小成正比，与个人身心承受压力的强弱程度成反比。由于每个人的心理承受能力不同，对同一压力源的反应也不一样。所以，同样一件事对一个人可能会造成很大的压力，对另外一个人来说却无关紧要。

压力与健康的关系

压力对人们的健康有着积极与消极的双重影响。适度的压力可以增加人的活力、提高警惕性、使人的思维和行为变得更加敏捷，同时也可以锻炼人们的适应能力和创新能力，帮助人们以更加努力的姿态、更高的热情去完成工作。

而过度的压力则会对健康产生诸多消极影响。主要表现为出现焦虑、抑郁、挫折感等消极情绪；出现思维模糊不清、注意力不集中、思维受阻等认知障碍；引发心脏剧烈跳动、头疼、疲倦、嘴巴或喉咙发干、没胃口、全身紧张、胸痛等生理表现以及冲动行为、攻击性行为、把睡眠作为逃避方式等行为表现。

你的压力来自哪里

压力的来源有很多，常见的有工作压力、生活压力、环境与社会地位的压力、工作与家庭平衡的压力以及情感压力。

工作压力主要是指劳动关系的压力、劳动就业的压力、工作环境的压力、工作任务的压力等。驾驶员面对拥堵的交通、大量的乘客、高强度的工作状态等都有可能产生较大的工作压力。长时间的行车工作或是值夜班的需求，也会导致驾驶员无暇顾及其他事情，出现工作事业与生活的平衡问题，从而产生来自生活、家庭或人际关系的种种压力。

调适压力的方法

生活中，总会有各种各样来自工作或家庭的压力，让我们感到焦虑烦躁。掌握科学有效的自我调节方法，能够帮助我们快速放松身心、提高生活质量。

（1）学会倾诉：向亲人、朋友倾诉自己的烦恼、委屈，如果觉得难以向他人吐露心声，可通过写日记或找心理咨询师的方法来宣泄不良的情绪。

（2）尝试做深呼吸：通过慢而深的呼吸来消除紧张，降低兴奋水平，使情绪逐渐稳定下来。在呼吸过程中，注意要用鼻子吸气，让气体慢慢地流经腹部，同时舒展肋骨，再慢慢地通过鼻子呼出这些气，重复2~3次。

（3）运动：通过有氧运动（如跑步、疾走、游泳、骑车等）来释放自我、宣泄不良情绪。工作之余也可以在座位上通过重复收缩——松弛肌肉的方式来缓解心情。

（4）散步：可以去散散步，一段 10~20 分钟的轻松散步，常常可以让紧张的情绪得以疏解。

（5）浸泡热水：将双脚或是身体浸泡在比自己的体温稍高一些的热水里，闭目养神、清空大脑的杂念，能有效消除疲惫。

如何赶走职业倦怠

职业倦怠是由工作引发的心理枯竭的状态，表现为身心俱疲、工作热情降低、效率低下等。驾驶员每天行驶在固定的线路上，单调乏味，同时还要时刻警惕道路和乘客安全问题，因此很容易对工作产生倦怠消极的情绪。

如果对自己的工作感到无聊倦怠，可以通过适当的运动和其他休闲娱乐活动来排解抑郁和烦闷，或是多向家人、朋友倾诉心中的烦恼。

公共交通的驾驶工作虽然看似平凡，但却为缓解城市交通的压力，方便大众的出行作出了巨大的贡献，是无法被取代且值得被尊重的职业。驾驶员要认识到自身工作对社会的意义与价值，保持职业的自豪感与责任感，努力在工作岗位上发光发热，实现人生价值。

什么是情绪

在日常生活中，每个人都有情绪体验，且常会通过面部表情和行为表现出来，是高兴、悲伤还是紧张、恐惧，我们都能准确地识别，因此，情绪是人心理状态的晴雨表。

情绪不是自发的，是由外部的刺激引起的。引起情绪的刺激，可以是外在的环境因素，也可以是内在因素；可以是具体可见的，也可以是隐而不显的。

情绪内容是人的主观感受和经验，这种主观的体验，是思维习惯和行为方式的惯性产物，它产生于我们从小被教育的方式和长期以来的生活环境。或者说，是我们自己在无形中创造了各种各样的情绪。

情绪与健康的关系

情绪分为正面情绪和负面情绪。

正面情绪是积极的、平稳的，能使人的大脑处于最佳活动状态，保证体内各系统的活动协调一致，充分发挥机体的潜能。积极愉快的情绪还能使个体适当地控制和保持自己的良好状态，促进和维护与他人的良好关系，获得更多的社会支持，有利于心理健康。对于驾驶员来说，保持稳定的正面情绪能够缓解工作疲劳，对待乘客也会更有耐心，有利于建立良好的司乘关系，从而提高工作幸福感和心理健康水平。

程度适当的负面情绪能够增加大脑和神经系统的张力，提高反应速度。但超过一定程度的持续的负面情绪则不利于健康。比如，持续的焦躁情绪会使驾驶员在行车过程中缺乏耐心和安全意识，甚至会引发“路怒症”，对他人和自己的生命财产安全造成极大的威胁。

常见的情绪困扰

常见的情绪困扰有八种，分别是焦虑情绪、抑郁情绪、强迫情绪、烦恼情绪、沮丧情绪、愤怒情绪、厌倦情绪和嫉妒情绪。

这些情绪困扰普遍存在于每个人的生活中，是在日常工作与生活中经常出现的一种负面的、正常的情绪体验。

例如，驾驶员在停车时总是担心没有把车钥匙拔出，而再次去检查，便产生了一定的强迫情绪；每天行驶在固定的线路上，面对车流和乘客，一些驾驶员会出现身心俱疲、工作热情降低的状况，便产生了厌倦情绪。当出现这些负面的情绪困扰时无须过度紧张，只要找出困扰原因，从思想、行为习惯和生活方式上进行适当的调整，很快就能使自己恢复正常的心理状态。

怎样管理自己的情绪

情绪管理的方法有很多种，最关键的是要适合自己。保持健康、稳定、愉快的情绪，可以考虑以下几种方法：

（1）认知调控法：当不适度的情绪反应出现时，理智地分析和评价所处的情境，认清情绪来源，正确地分析引起情绪反应的客观现实和主体状况，冷静地做出应对。

（2）活动转移法：处于情绪困境时，先设法离开该环境的持续刺激，暂时将问题放下，转向自己所喜爱的活动以转变情绪，达到情绪调控的目的，以避免不良情绪的爆发。

（3）环境调节法：置身于优美的自然环境，舒缓消极的情绪，调节身心。如外出旅游或者去公园散步，也可以在家种种花草、怡情养性。

（4）心理暗示法：当不良的情绪要爆发

或感到心情十分压抑时，可以通过心理暗示来提醒自己，调整和放松紧张的心理，使不良的情绪得以舒缓。

（5）情绪宣泄法：当处于较激烈的情绪状态时，采取直接或间接的方式表达情绪体验与反应。直接宣泄法是在刺激引发强烈的情绪反应时，即时表达自己的内心感受，以使情况得以改变。间接宣泄法是在脱离了引发强烈情绪的情境之后，向与情境无关的人表达当时的内心感受。

（6）寻求他人的帮助：当我们陷入情绪障碍时，有必要向亲朋好友、专业的社会工作人员、心理医生等社会支持系统寻求帮助。

如何应对他人的情绪

我们除了会因为工作生活而产生各种情绪外，也很容易受到来自他人的情绪感染，应对他人的情绪主要有以下几种方法：

（1）有同理心：能够换位思考，体会对方的情绪和想法，理解他的立场和感受，并站在他的角度思考和处理问题。

（2）沟通：在听的时候，只聆听不判断，保留自己的观点，总结别人说话的内容，检查自己的总结是否正确；在说话的时候，将要点有逻辑地组织起来，清楚地表达出来，确定对方已经理解你了，不带攻击、责备或生气的情绪陈述观点，必要时重复一遍。

（3）策划：引导对方看到其他选择的可能性，对方的负面情绪便不会再出现，同时也会有更积极的表现，重新掌握事情的控制权。

例如，面对乘客坐过站要中途下车的抱怨情绪，驾驶员可以站在对方的角度体谅其焦急的心情，耐心地向其解释不能停车的原因，并告知其他换乘的办法，只有这样才能有效应对乘客的不良情绪，进一步促进司乘关系的和谐。

后记

POSTSCRIPT

随着社会经济的高速发展，城市道路交通建设日趋完善。驾驶员作为公共交通的守护者，一直在工作岗位上默默奉献着，承担着重于泰山的责任和使命。然而，长时间的久坐、精神的高度集中、道路的拥堵、乘客素质的参差不齐等都会给驾驶员带来不同程度的负担，影响其身心健康状况。

本着关爱驾驶员健康，使城市交通的发展更好地满足人民出行需求的理念。我们特邀请了行业专家打造了这本手册，本手册结合驾驶员的工作特点，从常见职业病及预防、工间微运动、身体突发急病的判断和应对、传染病的预防、心理健康、压力和情绪纾解六个方面，以常见知识点配插图的形式展现相关内容，方便驾驶员阅读使用。希望这本小书能为广大驾驶员朋友的身心健康送上一份温暖与关怀。

因编写仓促，书中难免有不足之处，请广大读者朋友不吝指正。

编 者

2020 年 10 月